물노래

물노래

제2시집

은설 이 옥 자

해 ㅏ로신
사상과문학사

서시

나는 누구인가

오남매의 막내로써
뿌리만 잡고서 들꽃처럼 살아왔네,

구십 세가 다 되신 조모님과
칠순이 가까운 부모님
날마다 손이 바쁜 한의원집을
나 몰라라 버려둔 채 떠나왔다네,

싸늘한 혼례법칙에
하늘비만 바라보며 살다보니
할머니 세상 떠나시고
아버지 엄니마저 막내 보고 싶다
한마디 말 남겨 놓고 떠나셨네,

나 돌아가 그 품에 울고웃고
따뜻한 밥 한 그릇 지어올리고 싶었는데
이제는 꿈속에서나 눈물짓는
못난 딸……

있을 것 다 있어도
부모님한 번 모시지 못한 죄
허물처럼 남아 있는 나는 누구인가,
바람 부는 들판에서
소리 없이 피고 지는
한 송이 들꽃이었네

차례

제2부 나뭇잎 파수꾼

제3부 봄날 피리소리

제4부 무색 공간

제5부 허공

제1부

겨울나무의 꿈

가슴

1

몸,
완벽한 신의 작품인줄만 알았다
그런데 한 타래의 검은 실이
내 가슴 한 편에서 얽히고 있었다
가끔씩 외로운 언어들이 올올이
흰 종이에 뽑혀 나왔다
긴 터널을 빠져나올 때, 또는
어떤 올무에서 허우적거리고 있을 때
깊은 밤 찌르륵거리는 풀벌레울음소리로
실마리가 풀려 나온다
때로는 보고만 있던 하늘이
큰 우렛소리로 길을 연다

2

이럴 때 허상에도 길이 있음을 깨닫고
한적한 곳에서 장대 같은 숨을 쉬면
긴 타래의 검은 실이
하얀 실로 빠져 나온다
햇볕이 유난히 밝다

건너편 나무들도 춤을 춘다
실이 풀리는 소리가 들린다

가을 편지 1

긴 여름 끝자락 잡고 지루하던 비
아침저녁 서늘한 바람에
빗물을 포식한 가로수들이
몸을 말리고 있습니다

모처럼 하늘도 해맑은데
바람을 타고 오롯이, 저 하늘
떠다니는 흰구름 돛단배 한 척
누가 탔을까요. 나도
저 배를 타고 갈바람 노 저으며
떠나고 싶습니다

그러나 그대여
내가 할 수 있는 게 이 뿐이니
저녁노을 붉게 타오르거든
풀벌레 울음이나 들려주시오

하염없는 돛단배처럼
이렇게 떠돌다 가려니…

가을편지 2

가을엔 수취인 불명으로 편지를 쓰고 싶다
단풍 같은 마음으로
모나미먹물 다하기 까지
나의 숨은 언어들을 보내고 싶다

가을엔 너를 위하여
등불을 켜고 싶다
오색찬란한 낙엽사이로 공허한 하늘,
낙엽 한 잎 떨어지면
빈 하늘에서 네가 웃고
잇닿아 떨어지면
환하게 웃어주는 너의 모습에
낮달이 걸린다

내가 가장 외로울 때 슬플 때
떠오르는 얼굴
가을향기 흐르는 곳에서
마음 뿌린다

가을편지 3

가을이 타오르는 간암산자락
면사무소 옆 한의원집,
맥을 짚는 아버지가 보이고
청마루에서 맷돌을 돌리시는
할머니와 엄니도 보입니다

마당가 훤히 보이는 누런 들판
허수아비 훠이훠이
새 쫓는 소리도 들립니다
밤이면 구름을 뚫고나온 달이
유난히 밝은데, 귀뚜리는
구석진 뜰에서 온 밤을 지새며
울어댑니다

허리 굽은 강둑 따라 시냇물 흐르고,
사선을 긋고 살아도 떠오르는 얼굴
산들이 비켜나고 강물이 물러섭니다

이곳과 그곳은 길이 막혀,
가을이 타다 남은 잿더미 속에서
속삭이던 옛이야기 서릿바람에
실어 보내드립니다

가을 언어

창밖에 나무들이 찬바람 마시며
가을을 노래소묘* 한다

앙증맞은 단풍잎 다섯 손가락,
봄꽃보다 아름다운
노화처럼 승화되면
길 가던 나그네 긴팔 생각에
"저 하늘 높고 바람이 차다,"
무언의 말한 마디가
갈바람에 풀풀 난다~
내 마음도 따라서 향긋한 노래가
공명성을 울린다

마른가지 붙어있는 잎사귀들도
바스락바스락 속삭이며
"가을은 찬란한 용상
어디론가 — 떠나야할 몸
"어쩌면, 블랙홀에 빠졌다가
스미다가 다시 올
꿈속으로…

까치밥

해마다 감꽃이 지고 나면
연둣빛 땡땡이무늬가
우리 집 창문에 하늘거린다

시간은 서서히 물들어, 진녹색
이파리 사이로 아기 주먹만 한
풋감들이 얼굴을 내밀고
거칠게 퍼붓는 빗줄기에
툭툭 떨어지는 비명도 들린다

어느 덧 감나무는 만삭이 되어
가지를 늘어뜨리고
발등을 타고 오르는 귀뚜리소리에
가을은 빨갛게 익어간다

오래된 감나무
닿을 수 없는 우듬지까치밥
초겨울 일찍 태어난 잔 햇살이
꽁꽁 언 단감을 녹여주면
까치와 참새들이 다녀가고
직박구리, 다람쥐들도 와서 먹다가
눈 맞춤도 방긋한다

겨울나무의 꿈

나무들은 하늘아래 내세울 게 없다
뿌리는 깊이 겨울잠에 들었고,
누더기 하나 걸치지 못한 알몸과
하늘을 향해 치켜든 마른 손가락들이
겨울바람의 날카로운 칼날과 맞서
온몸으로 흐느끼고 있다

긴긴밤이 깊어갈수록 흐느끼는
나목들의 울음소리가, 온 누리에
울려 퍼진다, 그 울림은 마침내
헐벗고 버림받은 자의 기도가 되어
캄캄한 밤의 공간을 넘어 – 하늘
문풍지까지 두드린다

밤새도록 하늘도 잠 못 이루고
그 기도소리에 귀기울리다가
가슴속 아픈 먹구름들을
은총의 눈송이로 바꾸어
알몸의 가지와 메마른 손끝에
소망의 꽃송이를 하얗게 뿌려준다,
아, 은혜가 충만한 새벽이어…

겨울잠에 빠진 땅속뿌리들은
포근한 꿈을 위해 언 땅에도
하얀 이불을 덮어준다
남쪽바다에서 파도와 어우르던
봄바람이 불어와 이불을 걷어내면
뿌리들은 남쪽을 향해 귀를 열고
봄의 숨소리도 듣는다

나무보다 먼저 찾아온 봄볕이 가지들의
파리한 손끝을 어루만지면, 마디마디에
눈과 귀가 열리고 봄이 다가오는 발소리와
함께 꽃밭에 날아드는 벌 소리도 들으며
가지마다 파란 하늘을 받들 것이다

기다림

정든 사람들 말없이 떠나시더니
이제금,
저 하늘에서 눈으로 오시나보다

나는 저무는 바닷가 섬 하나 되어
그대오실 날만 기다리겠습니다
이별이란 헤어짐이 아닌 것,
헤어짐은 포기만이 있다는 것을
난 알고 있기에
오늘도 내일도 잊을 수 없어
오롯이 그대오실 날만
기다리겠습니다
저 하늘 흰 눈처럼 사뿐히
내 가슴 화원으로……

남겨둔 말 한마디,
미처 못다 한 말 한마디
가슴속 새겨두고
기다리겠습니다

귀로 읽던 산에서

누구도 함께 할 수 없는 미로
숨이 차다. 오로지
멈출 수 없는 길목에서 멈출 것 같아
모자를 내려쓰고 집을 나섰다

산허리에 올라 건너편 강기슭,
우거진 숲 사이로 고향이 보인다
여전히 녹아있는 그리움
살아있는 듯 그림자하나, 점점
내게로 오다가 가버린 얼굴
눈물이 고인다

오월의 산야가 생수를 뿌리며
내게로 온다. 이지러진
마음 닦고 눈도 닦으라고,

불러줄 사람 하나 없는 산길에서
애기똥풀꽃처럼
야생화가 되어 걷고 있다
저 흰 줄기,
빛을 향하여…

개나리 꽃길

대공원호수산책길,
향긋한 봄햇살 찍어 바르고
개나리 만발했다

물위를 걸어 다니는 햇살
눈부시고
호수가 반짝인다
낭창낭창 버들 사이로
물결이 출렁이고
오리한 쌍 다정하다

나도야, 노란 옷 갈아입고
개나리꽃에 묻히면
흘러간 봄날이 다시 오려나

개발 선인장

저 먼 하늘 아래 나살던 집보이고
지나간 시간들도 보인다
차디찬 겨울 양지바른 거실에
물레방아 돌아가고, 기석위로
덮어버린 개발선인장
지칠 줄 모르는 번식에
온 집안이 꽃밭이다

여인의 손끝르호 피어나는 꽃
수많은 발가락이 영역을 벗어나
기어 다니다가 다급할 땐 발가락
하나 뚝 떼어주고, 毒오른 선인장
마디끝에 핏빛꽃물 비친다

사나흘에 한번 물 갈아 손질하면
즐겨하던 그 얼굴에 별이 뜨고
밤낮 켜있는 초롱꽃등불
겨울도 물러선다, 시간을
초월하며 떠오르는 아쉬움
낯선 땅 외로운 등대되처럼
고향땅 비추어본다

그때

하늘에 먹구름 일고 어둠이 뱀같이 스며들어
내 눈은 있어도 없는 것 같았다
손에 잡은 귀한 것
그마저 놓아버렸다

달 속에 계수나무 한 그루 심었는데
아예 뽑혀버렸다

비를 맞으며 우산 없이 걸어온 시간을
뒤늦게 깨달았다

그때 내 마음속 허수아비들
강물에 띄워 보내고
새 하늘을 연다

그 집 앞을 지날 때

약수 뜨러 가는 길,
이민 간 딸이 보인다, 이십여 년
흘러도 그 집 앞을 지날 땐
여전히 문 열고 부르면
한설 한희가 장난감 들고
할머니하며 뛰어나올 것 같다

함께한 공간 할미는
그리움 붙잡고 사는 동안
재롱둥이 외손자는 벌써 대학가서
공부잘 한다고 전화가 왔다

언어문화가 다른 이국땅,
힘들다 말 한마디 묻어둔 채
학문을 먹어야 사는 손자들아,
할미는 추억을 씹다가 삼키다 가끔
오색풍선에 담아 기러기 날아간
하늘로 날려 보낸다
한설 한희야,

나무의 문

사월의 나뭇잎이 겨울눈치 보다가
제 또래 아이들과 하나하나 사귀어간다
철따라 새 옷을 갈아입고, 한 뼘
한 뼘씩 키 늘리며 계절 찾아 간다

바람이 몰고 가는 몇 층의 구름 사이
긴 장마와 연기가 접혀있고
바람의 층 사이, 머무는 종들이 많아
바람은 실어온 씨앗으로 나무를 키운다
초록이 타는 푸른 연기가 날아오르고
검푸른 열매들은 차츰 붉어져
발아라는 말 옆에
온갖 씨앗을 묻어둔다

나무가 조용히 입을 열고
뱉어낸 씨앗들은 최초에 울음이다
문이 열려있는 나무들마다
초록연기가
빠져 나가고 있다

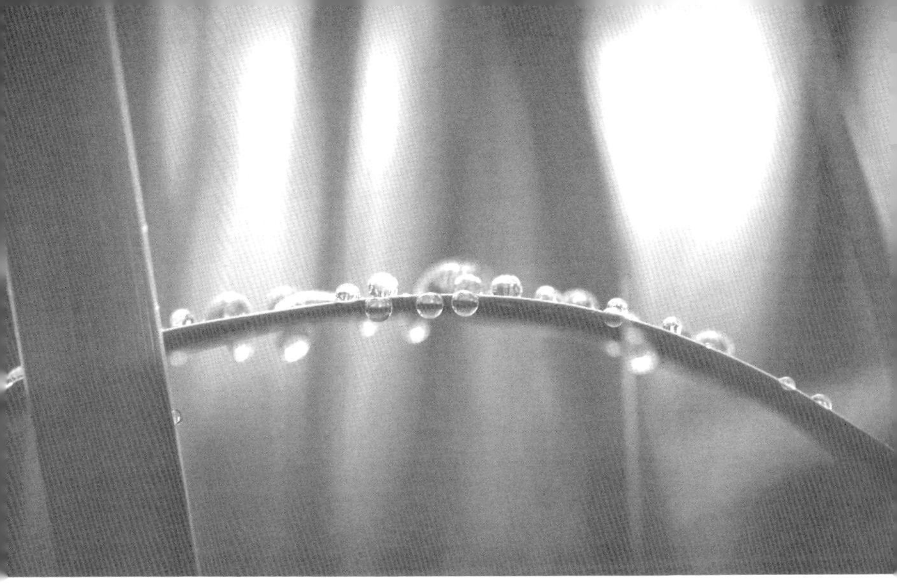

제2부

나뭇잎 파수꾼

나뭇잎 파수꾼

누가 저 까치
숨은 감정 선을 건드렸나,
피토하듯 울어대는 절박한 소리,
귀를 쫑긋 나뭇잎들은
사태를 감지한다

구렁이 한 마리가 나뭇가지 숨어
우듬지 까치집을 노리는 것을
나뭇잎 파수꾼이 촉을 세워
주파수를 날렸다

잽싸게 날아온 까치부부
목숨 건 사투에 나무는
똬리 튼 뱀을 땅에 던져버린다
피로 물든 땅,
뱀의 곡예도 삼켜버린다

물 공기 빛이 주식인 나무는
새들의 보호막 나뭇잎을 늘려
여전히 그늘 막을 민든다

난초1

굳은 듯 귀품 있다
동양의 사군자화
물조차 마다하며 이슬비만 먹고
청량한 물줄기에 마디마디
맺혀있는 옥구슬,

서서히
오랜 날을 숨어서만 보다가
수줍어 피어나는 하얀 꽃에 동화되어
그 향기 가득 차
온 누리에 뿌린다

선조들의 말 꽃으로 피어나는
빼어난 몸매 수려한 미모가
유란이 방렬芳烈하면
한 백리를 간다

꽃의 화신

봄볕이 놀다 간 자리
꽃들이 화르르 몸을 연다
그 속에
봄 나비 한 쌍
내게로 오는구나

내도야,
꽃잎 속에 무쳐
꽃처럼 살고지고

코스모스

훤칠한 키에 가녀린 목
길게 드리우고, 곱디고운
미소가 어머니 닮은 코스모스
가을이면 저만치서
오시는 줄 알았습니다

지나가는 미풍에도
허리 굽혀 인사하는
갓 시집온 며느리같이
조신한 몸가짐으로, 꺾길 듯
꺾기지 않는 강인함에
간밤의 태풍에도 함초롬히
그대 눈빛 맑은 아침,

고운님 머리 빗고, 가을에
오신 손님이 십니다

나는 누구인가

오남매의 막내로써
뿌리만 잡고서 들꽃처럼 살아왔네,

구십 세가 다 되신 조모님과
칠순이 가까운 부모님
날마다 손이 바쁜 한의원집을
나 몰라라 버려둔 채 떠나왔다네,

싸늘한 혼례법칙에
하늘비만 바라보며 살다보니
할머니 세상 떠나시고
아버지 엄니마저 막내 보고 싶다
한마디 말 남겨 놓고 떠나셨네,

나 돌아가 그 품에 울고웃고
따뜻한 밥 한 그릇 지어올리고 싶었는데
이제는 꿈속에서나 눈물짓는
못난 딸……

있을 것 다 있어도
부모님한 번 모시지 못한 죄
허물처럼 남아 있는 나는 누구인가,

바람 부는 들판에서
소리 없이 피고 지는
한 송이 들꽃이었네

내 이미지에 대하여

아버지가 지어주신 본명은
구슬 玉에 아들 子
이런 이름은 부르기가 쉽다고
자야 옥자야 다마꼬야,
하시며 툭하면 부르신다

그럴 땐 숙제하다 말고 구슬처럼 또르르 달려가
북적대는 한의원아버지 손이 된다
위로 사남매는 제 짝 찾아 보내고
간당간당 막내는 부려먹기 미안한 듯
다의적 이름으로 부르신다

자야는 왜정 때 태어나서 부르기 편한 이름
그 또래가 많아 나이순으로 부르며
놀림도 받았다 때로는 투덜대기도 하다가,
죽을 때까지 따라다니는 이름
바뀐다 해서 다를게 뭐 있으랴만
이미지 때문에, 지금은 눈 오는 날
크리스마스이브에 지은 필명,
은설이리 부른다

낙엽을 보며

잘 견디다 가는 구나
우리도 한 생이 다하면 가야한다
살아 겪는 괴롬은 누구나의 것
이 세상 왔다가는 흔적이다

대공원 낙엽광장,
무수히 쌓인 가을무덤 앞에서
머리를 조아린다. 너는 안다
떠나야할 때를, 그러나 사람들은
버려야할 것들을 못 버리고
가슴앓이만 하다가
허공을 치며 가야한다

변하지 않고 살 수 없는 세상
거역할 수 없는 흐름, 종내는
오색찬란한 풍경마저
훌훌 벗어던지고 알몸으로
서있어야 하는 나무

사람들이 옷 한 벌 더
껴입어야 하는 계절에

다림질하다

그 겨울은 멀고도 추웠다

두더지처럼 눈 속을 뚫고 나와
시린 땅 기웃대다가
청 보리 살아있는 들판에서
봄 햇살 한 줌 잡고 일어섰다
편편히 휘감아 도는 바람
닿는 자리마다 주름 잡히고
빠르고 더디게 흘러가는 시간
지그시 두 눈을 먼 데 두고…
맹숭한 하늘 바라 마음 다린다

찬바람에 튼 두 뺨으로
청보리처럼 꿈틀대며
저 높은 곳 향하여 날마다
일그러진 꿈 펴기 위해
다림질한다.

두물머리 연가

봄길 따라 달려왔네
쉬어가는 두물머리

햇볕이 쏘아 되네
안개 싸인 강 허리
수원의 잇닿은 몸들은 떠나질 않고
물결마저 조용히 출렁이며
햇살들을 밀어내는 이곳
하얗게 부서지는 잔 햇살에
낮달마저 미사포 쓰고 사라지네

저 멀리, 안개 속
선명한 산봉우리들만
외로운 섬 하나 감싸 안고
실학자들 기상(氣相)을 높여주네

남북이 한 몸 되어 아리수로
가는 푸른 물결, 더 큰
꿈을 향하여……

뒷모습

길 하나있습니다 돌아가는 길

귀소본능도 아닌데 연어처럼
멀리 왔다가 본향을 찾아가듯
거슬러가는 물길에
희미한 그림자하나 보입니다

잊었는 가 했었는데
들려오는 목소리, 차라리
두 귀를 열지나 말 것을
"이제 와,
새김질이 웬 말인가,
고장 난 기억들이
바람소리 새소리마저 툭툭
차버리는 시점에서 그
목소리마저 희미한데,

다만 남아있는 것은 '미안해요'
이 한 마디 정말 부끄럽지만
미처 하지 못 한 말, 오늘도
경천 물길 따라가는 뒷모습보며
바람에 실어 보냅니다

독(毒)

사람이면 이 독은 피해야 산다
그런데 두 눈을 멀쩡 뜨고
물처럼 마셔야하는 괴로움
겪지 않고는 그 누구도 모른다
날고뛰는 해커처럼
보호막도 없이 입을 쩍 물고
제 멋대로 점령하고
파괴하는 숨탄*것들
숨죽인 귀소 앞에 하소하듯
소리치며 하고하고** 싶다

동해의 붉은 새아침이
별빛 삼킬 때까지

* 숨탄것: 숨을 받은 것이라는 뜻으로, 동물을 이르는
** 하고 하다: 헤아릴 수 없을 만큼 아주 많다

탈출

목적도 없이 기차를 타고
눈 내리는 창밖을 본다
철거덕거리는 열차바퀴에
조용히 깔려 버리는 눈발들이
가슴을 저민다.

산모롱이를 돌아갈 때
앙상한 나뭇가지 피어난 눈꽃들
사이사이 떠오르는 그림자,
아득하게 서린 애환을 담고
위로 차 다가온다
벗어나고 싶다, 훌훌
인연에 휘감겨 떠날 수 없는 몸
길을 가도 가는 게 아니다. 그저
울안에 새장처럼 살기 위한 충전이다
"누구나 이별은 슬픈 것, 한 열흘
생각을 삼키다가 돌리다
찾아오리라 바보탈출

돌아보는 정거장

그때 거기서 내렸어야했는데,

조마조마 하는 사이
기차는 토악질하듯 내뱉는 소리로
샐비어 붉게 핀 철길을 벗어난다

산등성이를 돌아갈 때, 나는
철로를 따라 가는 기차처럼
평생 그 길에서 벗어날 수
없음을 알았다

산다는 것은 설마 하다가
맞추지 못한 주파수
눈앞에 보이는 것은 단호한 길목
돌이킬 수 없는 시점,
기차도 어쩔 수 없다는 듯
언덕을 굽이굽이 돌며
종착역을 향해 목청을 높이고
연기만을
토해
　낸
　　다

담쟁이

물 한 방울 없는 벽을
아기담쟁이가 앞장서서 올라간다
두 손이 바들바들 안간힘을 쓰며
그물처럼 엮어간다
한 뼘이라도 더 엮어야하지만
서두르지 않는다.
뼈가 없는 것들은 무엇이든
잡아야하기에
푸른 절망을 꽉 잡고
비가 오면 빗물 모으고
햇볕나면 햇살모아 불을 지핀다.
때로는 지나가는 바람이
먼지를 숭숭 뿌려 벌레 먹은
이력서를 남겨 놓지만 혼자서
갈 수없는 벽을 다 함께
가야하기 때문이다

허공에 눈 맞추며 조심조심
수 많은 담쟁이 잎을 넝쿨째 끌고
어린 담쟁이가
담을 넘는다

매미

한 방울의 눈물도 없이
뜨거운 울음 자지러지게 토해낸다
제 심장부를 오래 에돌다가
터져 나오는 상처의 결을
해왕성 그늘처럼 흘려보내고 있다

이 한 순간의 울음을 위해
칠흑을 찢는 비상을 꿈꾸며
얼마나 참았을까, 두 귀를
열고 세상 살아가는 공식
무수히 쏟아지는 의문 속에서
이들처럼 마음대로 울 수도 없다

우리도 언젠가, 매미처럼
세속에 등 돌릴 때
길섶에 묵은 먼지 털어버리고
허물만 남겨놓고 가는 뒷모습
훤한 울음일 것이다

* 태양으로부터 여덟 번째의 궤도를 돌고 있는 해왕성은
물의 행성이며 유동적이며 흐리고 몽롱하다.

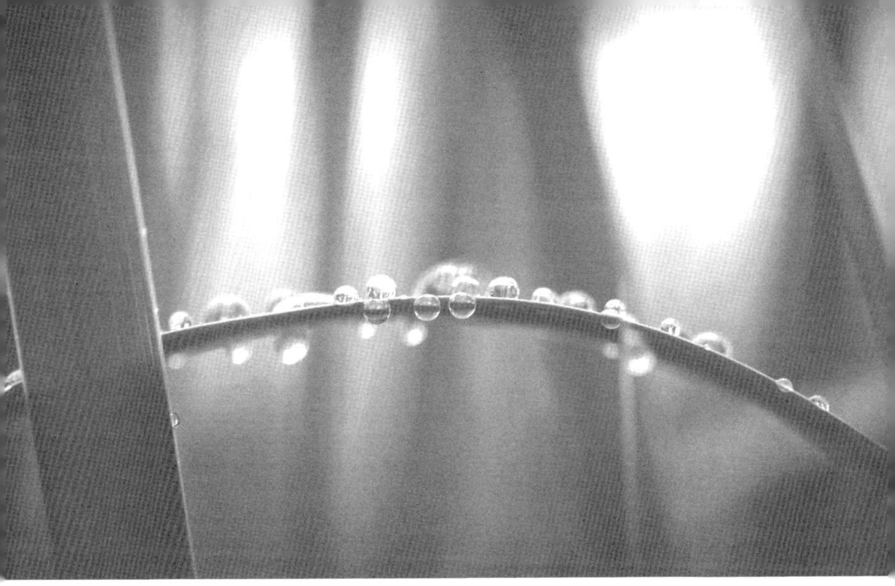

제3부

봄날 피리소리

몽돌

몽돌해변에서
연주에 몰입중인 둥근 악기들의
소리를 들을 수 있다

일제히 울리는 연주소리에
먹먹해지는 귀, 저것들 속에는
커다란 울림통이 있다
오로지 굴러야만 하는 몽돌
더 맑은 소리를 내기 위해
모서리를 깎고 군살을 덜어낸다
지워지기 위한 몸부림이다

바람에 덜어낸 몸,
윤이 나고 둥글다 저들이
토해낸 곡조도 가히 가슴 치는 명창이다
수천수만 년 되어야 맑은 소리가 나는
저 몽돌, 파도소리에 철썩
데굴데굴 구르며
제 몸의 현을 퉁긴다.

지나가는 갈매기도 듣고 있다

봄날 피리소리

수채화처럼 살아 있는 집
나도 모르게 달려와 손때 묻은
아버지약장 앞에 내가 섰네.

외로웠던 집* 남겨둔 자취,
차마 보낼 수 없어…
기억에 잠기다가 만져보다
약장서랍을 여닫을 땐
생약들의 숨소리도 들리네,
머잖아 사라져갈 약재들
마당가 텃밭에 뿌려주었네,
하늘과 땅기운으로 생명이 트고
그 속에 숨을 포개니 하늘이 열리네

살아난 약재들은 봄바람에
부딪칠 때마다 피리를 부네
땅이 뚫린 구멍마다 제 각각 소리로**
할머니백합 – 아버지목단 – 키 큰 엄니
원추리 – 한 꽃에 꽃잎같은 아들딸
해바라기합주곡이 땅소리 바람소리로
피리를 불며 하늘을 여네

* 아버님 돌아가시고 의도적으로 비워둔 집
** 장자의 명상 중에서

눈물로 적은 편지

사랑을 눈으로 보았습니다
그러나 보지 않았습니다
사랑을 한 눈에 읽었습니다
그러나 읽지 않았습니다
그 마음 외면한 죄
이제야, 깨달았습니다

얼마나 서러웠으면 그 눈물
꿈결에도 한 번
아니 보이시나요,
얼마나 아팠으면 떠나가신 발길
자취마저 점점 점 멀어지나요.
미처하지 못한 말,
종이 새 한 마리에 마른
눈물로 적어 저 하늘가로
날려 드립니다~

짝사랑

사월이면 부활하는 하얀 벚꽃들
해맑은 눈망울로
온 하늘을 수놓는다

앙증맞은 꽃들이 옹기종기,
지나가는 미풍에도 화사한데
흰머리 새 한 마리가
물수제비뜨듯 날아와 앉는다

놀란 꽃들 우왕좌왕, 제 몸을
가누지 못할 쯤에야 새는
꽃잎하나 물고 눈 맞춤도 못한 채
어디론가 사라져간다

강 따라 흐르는 봄날,
바람은 꽃잎에 놀고
사랑은 해마다 피어나
나뭇가지
흰 구름처럼 걸려있다

억새

검푸른 얼굴 羅列나열 하고
뾰족한 끝을 세워 하늘을 찌른다
5월의 장엄한 저 기세
7.8월 태풍에 맞서려고
바람에 흔들어대며 체력단련 한다

태풍을 이긴 적은 없다
그러나 종내는 이기고야만다
여름날 폭풍우가 일면
제대로 저항한 번 못해보고
쓰러질 운명,
가을이면 죽은 듯이 살아나
흰머리 풀고 춤을 춘다

찬바람에
달빛이 하얗게 눈부시면
폭우는 소리 없이 숨고
물소리에 장단 맞추며
은빛물결타고~~
놀고 있다

대공원 언덕에서

밤새 허공을 칼날처럼
휘둘러대며 겁나게 내리치더니
오늘은
먹구름 걷힌 하늘이
말갛게 개였다

왠지, 갠 하늘이 가슴을 친다
곤파스야, 이 무슨 투쟁이냐
몇 백 년 지기 소나무를
갈 갈이 찢어 뿌리 채 뽑다니
이빨도 없고 형체도 없는 것이
흔적만 남긴 동산, 새들도
달아난 적적한 이곳에 나무들
비명소리만 들려온다

2010,여름끝자락잡고
풍속 52,4미터로 달려든 바람,
중부지방을 뿌리 채 흔들어놓았다
나는 가끔씩 찾아오는 언덕에서
인간의 무능함에 울었다
벌레처럼 울었다

바람의 두 얼굴

시대의 갈림길에서
개화를 따라가던 순이 시집갔다

성년이 되자 완강하신 부모님이
통과의례 법칙 따라
운명적 삶으로 바꾸어 놓았다
가탈 많은 시어머니, 엄격한
친 엄니 뜻대로 순은 꼼짝 없이
샌드위치가 되었다

보수와 진보사이
서성거리다가…
된장국을 잘 끓여야 했다
자유가 없는 길에서
몸에 새 생명이 싹트고,
시린 하늘에 새가 날듯
눈물이 젖는다

어둠속 돌아눕는 밤,
이미 저세상가신 어머니가
부드럽게 다가와 잠들지 못한 딸
귓전을 닦아 주신다

비익조

가을이면 그대 잠든 가슴에
사뿐히 잠들고 싶어라
겨울이면 그대 지붕위에서
눈처럼 살포시 포개고 싶어라

아니, 이도 저도 싫으시다면
그대와 나는……
한 쌍의 비익조*로 다시 태어나
시들지 않는 겨울나무에 집을 짓고
봄이면 꽃피고 새우는
골골마다 날아다니며,
우리 한 몸되어 나래 펴고,
저 높고 넓은 천지를
사랑해요 사랑해요……

* 비이조: 비익조(比翼鳥).
암수가 짝을 지어야 날 수 있다는 새

부분 월식을 보며

달을 안고 돌던 지구가 달을
지어 뜬는다. 달은 죽을 수 있어도
죽을 수 없다. 외로운
사람들이 밤하늘 달을 향하여
하소연하기 때문이다

천강에 달이 뜨면, 오늘 밤
내가 보는 달 그대가 볼 것이요
저 달 속에 내가 있음에
그대가 있을 것인데, 이를
좋아하는 저 달은 어디로
갈 것인가, 마음씨 고운 달은
지구가 한 번 만져만 주면
월식이란 사랑놀이를 끝나고
여전히 만인의 연인으로
떠오를 것이다

* 지구가 태양과 달 사이에서 달을 당김에도 달이 지구 쪽으로 안 오는 이유는 원심력 때문이다.

바늘귀를 꿰며

오늘은
바늘귀 꿰다가 엄니생각 납니다

요놈의 바늘귀가 그 옛날
어머니 뜬눈 보며 그렇게 놀려대더니
이제금 이 딸을 빤히 들여다보며
요리조리 숨바꼭질을 합니다
어찌할까요?
모처럼 하는 바느질
제대로 한 번 해 보기도 전에
눈구멍이 쪼그마한 것이 내 큰 눈 보며
그 눈가지고 뭘 해, 하며
나를 놀려 댑니다

옛집엔 아직, 부엌에도 방에도
엄니모습 그대로인데
어느덧 세월이 흘러 흘러서
어머니 떠나신지 삼십년
훌쩍 지나갔습니다
이제 보니 바늘 탓만
하는 것 아닌 것 같습니다
세월을 밥 먹듯 먹고
살아온 제 탓입니다

봄날아침

혹한을 건너오니
봄이 먼저 기다리고 있었다
잿빛 돌담길에서
젖빛보다 하얀 꽃잎을 보며 서성거렸다

귀띔도 없이 맨몸으로 찾아온 봄
낯빛이 화사한 목련은
비바체*로 날아갈듯 나래를 펴고
간당간당한 목은
아슬아슬 하기만한데
뒷걸음치던 봄이
유연해진 몸짓으로 하늘을 연다

햇살이 접혔다 펴지는 모퉁이를 돌며
나는 한 잎 한 잎 꽃잎을 뿌린다
따뜻해지면 몸도 마음도 활짝 웃으며
바람 따라 날아 갈 것을
나도 알고 봄도 알고 있다

* 비비체(vivace): 빠르고 생기 있세

봄날의 꿈

사월이 지나갈 무렵
화창한 봄이 유혹을 한다
꽃들이 흩날리는 정원에서
이름 모를 새들이
나뭇가지사이로 허공을
제집인 양 드나든다.

나 이대로 좋은 봄날
저 꽃잎 떨어지기 전 몽땅 끌고
꿈속으로 가서 보고픈 사람
기다리는 사람 있는 곳에서
봄 잔치를 열고 싶다

뻐꾸기 파랑새 벌 나비도
초대해서 진하게 놀다가,
꽃 떨어진 자리 잎들이 문을 열면
춤사위 던져버리고 구름 한 점 없는
오월의 바다에
돛단배 한 척 띄워야겠다.

불시착

낡은 둥지아파트 독거노인 차가운
외풍에 몸마저 틈이나 어눌하다

젊은 시절 하늘을 날던 파일럿,
정년이 되자 한 쪽 날개 떨어지고
아내마저 비명에 갔다
사업자 외아들, 빚더미 눌려
죽네 사네 하는 사이 쓰러졌다

홀로 남은 노인, 양 날개 잃고
사는 게 무료하다
문소리 바람소리에도 떠오르는
환영幻影, 잠을 설친다

어쩌다 한 번씩 딸이 다녀간다
씻고 닦고 치워도 여전히 휑한 집
나이보다 더 늙은 백발의 노인
한때의 기백은 어디로 갔을까
창공을 날던 빨간 마후라가
우리 동네 불시착했다

제4부

무색 공간

무색 공간

널찍한 거실무색공간에 부질없이 쓸쓸함이 감돈다. 11월의 햇빛이 힘을 잃고 덧없이 뿌려진 어설픈 여름이 아직도 떠나질 못해 구석진 이곳에 그림자를 드리우고 있다

그런데 웬일일까, 이 공간에 다정한 엄니와 아버지 모습 보인다. 할아버지 작은집에 보내고 항상 외로우신 할머니를 웃게 하시려 응석 아닌 응석으로 놀아주시던 아버지(외아들), 밤중에도 할머니가 떡을 찾으시면 한 걸음에 달려가신다,

또 시든 석양빛 사이로 나를 사랑해주신 분 보인다. 철없이 그 사랑 깨닫지 못했지만, 기억에 떠오르는 것은 후회와 눈물뿐, 아마 지금 내 모습보고 위로와 격려도 하실 것 같다

적적한 이 공간에 언어들이 말을 한다, 나를 향해 스크린처럼 지나가며 “이 세상 욕심내지 말라고 – 외롭고 쓸쓸하게 살아야 한다고” 이것이 하늘이 내게 주신 사랑이다 하여 내 가슴은 호젓하고 따뜻한 슬픔으로 가득 찼다. 몸짓

손짓으로 위로하는 사람들 틈에 난설헌도 보인
다

비오는 날이면

우산을 쓰고 걷고 싶다
서로가 굴절되는 물방울소리에
다른 소리를 들으며 듯 없이 지은
모래집을 스물 스물 헐고 싶다

“보이는 것은 잠깐이요
보이지 않는 것은 영원이라”
바울의 잠언같이
영원한 곳에 집을 짓고 싶다

비오는 날이면 우산을 쓰고
땅거미 밀려오는 시냇물 따라
빗방울들의 전주곡을 듣고 싶다
사랑의 기쁨과 슬픔이 교차되는
결혼행진곡에 장단 맞추며…
묵향처럼 젖어들고 싶다

산과 별사이 어둠에 사라지는 모래성
내 마음 등불 켜고 보고 싶다

산허리

이상하다
봄날 산허리는 웃는 얼굴로 울고 있다
저 맑은 강물 내려다보아도
따라갈 줄 모르고,
산봉우리 봉들이
흰 구름 스치며 놀고 있어도
올라갈 줄 모른다

사계를 문 열어놓고 바람으로 피어나면
그 향기에 취해 산새들 노래하고
등산객들 산허리를 돌며
고즈넉한 분위기에 취해버린다

차디찬 여백의 겨울이 와도
내일이 있어 두렵지 않다
바람소리 물소리 생명소리가
잠에서 깨어나
봄 하늘 적시며 탄생하는 힘,
저 산 허리에 있다

산이 내게로 옵니다

언제보아도 믿음직한 산,
오늘 아침 눈을 뜨니
소나무 잣나무 굴참나무 싣고
창밖에 와 계십니다

싱그러운 아침햇살마시며
숲을 낳아 기르는 새소리품고
내 영혼의 산돌*같이
지켜보고 계십니다

하루가 열리면, 새들은
뜬눈보다 멀리 보며 창공을 향하여
은빛노래 은빛울음 울다가
숲이 모인 제자로 옵니다

산짐승 날짐승 미물의 벌레들
골골마다 생명소리 들리는 곳
산 자 죽은
자 육신마저 품어주는
우주를 안고도 남을 사랑,
산이 아침햇살 가득 싣고
가끔씩 내게로 옵니다

서쪽

모두가 떠난 자리
까막까치 한 마리 혼자 남아
아직도 우짖어대는가,

그 곳은 본향으로 가는 길
산허리를 에돌던 꽃상여가
어둠속으로 사라진 나라,
그대는 일몰처럼 빠져들고
산기슭에 비석하나만
지키고 있네, 난 자꾸만
그대 얼굴 맴돌아, 내
마음의 눈 감을 줄 모르네

그 곳은, 내 정든 사람
단풍나무 샛길로 사라진 나라
먼 하늘가 폭설이 일고, 다시
따스한 햇볕이 산마루에 걸릴 때
그리움 쌓인 저녁하늘 가
내 마음의 눈 감을 줄 모르네

섬진강을 만나다

비가 온다, 폭우가 쏟아진다
온 산야를 골고루 뿌리는 저 빗발
산봉우리부터 송림 사이로
여러 갈래의 물길이 물굽이를 돌며
강으로 찾아온다, 나는 그때
원신암*의 모태를 보았다

비 그친 물결에 얼비친 하늘이 곱고
강은 넓은 가슴에 재첩을 품어 기른다
반짝이는 물비늘에 낯빛 고운 은모래가
제 얼굴을 씻고, 모래톱은
햇빛과 정분나 김이 난다, 백운산
소나무사이엔 노을이 슬로시티와
섬진강을 건너온 저녁 해에 걸려 있다
강은 말없이 쉬지도 않고
더 큰 세상을 향해 바다로 간다

오늘은 하동에서 녹차 한 잔에
찌든 마음 헹군다, 섬진강 물빛처럼
파린 마음이 실아난다

* 원신암: 섬진강의 발원지
* 히동 평사리문학관 시 등재

순회지

과천에서 문경이라 수백리 길
서울서 버스를 타면 두 시간 남짓,
한국문인협회 문인들과 문경 간다
북적이는 서울을 빠져나와
차창 밖으로 지나가는 가로수
지나가는 전봇대, 버스가 직진으로
달리는데 계곡가까이 비가 몰려왔다
먹구름이 시야를 가리고, 굽이치는
물소리는 작은 폭포들을 만들어
물보라 치며 뛰어내린다
제 철 만난 초목들은 온 산을
물결치듯 일렁이는데, 경쾌한
물소리로 리듬을 밟던 버스가,
어느 산골마을 어설픈 폐교 앞에 멈춰 섰다
숨을 놓아버린 듯, 적막한 어머니 무덤같이
풀잎들만 잠겨있는 물이 흥건한 운동장,
아직도 허공에 떠도는 듯, 아이들 웃음소리
그 소리마저 지우려고
바람은 폐교의 어깨를 건드리고
남아있는 기억들은 빗물에 씻겨간다
우리도 바퀴자국만 남겨두고 떠나왔다

시간

때로는 너를 보며 세월이라 한다
예로부터 형이상학적 이름이라
불러도 대답 없는 허공치는 이름이다
평생을 함께하며 너무 빨리 가면
속절없다 생각하고
천천히 가면 지루하다 짜증이다
그러나 너는 언제나 제 자리에서
속도만 유지하며 돌아가는 세상,
그 안에 네가 있고 내가 있어
희로애락도 함께 살아간다. 때로는
모든 것을 송두리째 잃어버리고
어느 모롱이를 돌다가 오래된
얼굴과 얼굴이 만나면, 기쁜
소식을 세월이란 집배원이 바람타고
찾아와 전해준다

그리움이 살아있는 옛집,
앙상한 겨울나무아래서 너를 본다
싱그럽던 그 여름을 생각하며…

쉼표

12달을 선물 받았다
신이 내게 주신 시간
지나온 일들이 주마등처럼 스쳐간다
새 달력에 또
한 해를 해야 할 일들,
동그라미를 그려넣었다

정신없이 달려온 길,
아직 가야할 길은 먼데
내 몸에서 신호가 온다
쉼표를 찍고 가자고,
더러는 길가에 앉아 풀 향내 맡으며
하늘에도 땅에도 물어보고
흘러가는 구름에도 속삭이며 가자고,

쉼표란 언젠가는 마침표가 되겠지만
그러나 불이 켜진 새 달력 핑크색 휴일과
내가 친 동그라미들을 보며
아직은 쉼표이고 싶다

생업

서울대공원 즐비한 단풍나무 아래
네발 달린 작은 의자들이 있다

아낙들은 짐승을 타듯 타고 앉아
무릎 펼 줄 모르고, 모락모락
김이 나는 양은솥을 뒤적이며
나들이 나온 사람들 지나가면
쩌렁쩌렁한 목소리로 눈길을 끈다

번데기 사세요, 한 컵에 1000원
해가 기울면 500원, 다슬기도 500원
뜻밖의 먹을거리에 사람들은
입맛대로 팔아준다
왁자하게 팔려나면 그 얼굴에
꽃이 피고, 못 본 척 지나가면
옥수수 꽈배기 가래떡도 있어요,
더 큰소리로 발목을 잡는다

땅거미가 가울면
일수 아줌마가 와서 일수를 씩고,
아들 등록금 때문에
선일수를 타서 종일핏대 올려도

겨우 입에 풀칠만 해요,

한 주에 공휴가 두 번
비가 오나 눈이오나 공치는 날 많아도
떠날 수 없는 제자리, 아낙
쉰 목소리에 힘이 빠진다

안경

나이테가 한 겹씩 감길 때마다
제일먼저 눈이 몸살을 하나보다

이제 보니, 길은 눈에 있었다
사십대 초반
책 속을 달리던 길이 미로를 헤맨다
눈이 찍어주면 걸어가다가
찍어주지 못하니 초점이 흔들린다

의사는 난시라며 내 눈에
한 번도 걸어보지 못한 두 다리를
양귀에 걸쳐준다 두 눈에
모자이크 눈알 두개를 더 달고
지금부터 남은 생을 다정하게 살라한다

아직은 힘들지만 바람 부는 날도
혼란스럽던 내 눈이 하나로 보인다
이 밤도 잠들기 전, 격식대로
두 다리를 포개어 눕혀주는 안경,
언제나 내 몫이나.

안개 낀 날

대공원호수를 찾아왔다

물위에 머뭇거리는 희뿌연 안개가
수천 겹의 얇은 막으로 흐르고 있다
새들의 울음마저 그친 이곳
수원의 잇닿은 몸짓에도
낮달마저 뜨지 못하고,
호수는 헐떡인다. 자욱한 안개 속
알 수 없는 소리만 중얼거린다

지난 날 귀경길
가파른 죽령고개를 돌고 있을 때
눅눅한 회색빛으로 길을 막더니
지금은 도시와 산야 점령하고
호수 한 체를 통째로 삼키려다가
잔 햇살이 쏘아대는 파편에
서서히 사라진다

양재천의 달

목련이 오스스 떨며 피어날 때가
어저께만 같았는데, 목련은
자취를 감추고 오월의 풀밭이
하늘거리는 저녁

시냇물은 여전히 버들잎 적시고
가로등 불빛은 밤안개 속에서
온 몸으로 뿜어대는데
도시의 상현달이 혼자 외롭다

망루(望樓)에 올라 달 보며 놀다가
홀로 돌아온 집
잠 못 이루는 밤, 다시
청루에 나가 그 하늘 바라보니
달은 숨어버리고 별들만 놀고 있다

달아-굵은 눈썹 같은 달아
내가 너를 바라보기 전엔
너의 그 쓸쓸한 모습
미처 몰랐다

오월의 향기

—오월의 장미

온 몸으로 가시 품어 울담에 두르고
피눈물 벙글어 참았던 울음 쏟아진다
저것은 팽팽한 절규다. 새아씨 눈먼 사랑이다

그러나 저 빛, 아름다움도 때가 차면
바람에 후드득 꿈속으로 날아가고
담장 안 쌓인 낙화를 잔 햇살이 만져준다

어여쁘고 슬기로운 여인네 모습이여!
그대는 현모양처 사임당 붓자락잡고
해마다 곱게 피어나 오월의 향기 열거라

* 신사임당작가 문화예술부상
시조가 인원미달로 시에 수상하다

옥상

창밖이 환히 보이는 우리 집
재건축 운운하는 15층 아파트다
수년을 살아도 올라가지 못한 옥상
저만치서 바라본다
그래도 긴 여름 장맛비에
건너편 옥상이 염려된다
행여나 금이 갈까, 비가 새면 어쩔까
7층에서 쳐다보며 오지랖만 넓다

안절부절 하는 사이, 서늘한
바람이 찾아와 옥상을 말린다
하늘도 햇볕을 환하게 열어놓고
돕고 있다, 탈수가 끝난 자리
고요가 파도친다

그 많던 비둘기 씨를 말렸나,
조류병 운운하며 쫓겨 가더니…
산 까치 한 마리가 허리를 자르며 날아간다
저 옥상, 파란하늘 머리이고
지나가는 흰 구름과 놀고 있다

유전

한의원집,
찾아오는 손님마다 찡그린 얼굴
다급할 땐 업고 온 환자를 내려놓고
“살려 줍쇼”하며 무릎 꿇는다

눈 깜짝 사이, 정기를 모아
맥을 짚는 우리 아버지
2대를 이어온 의원님이시다
때로는 기다림에 지쳐 환자들이
“따님은 왜 의술을 안 배우지”
투털 대면 나는 속으로
쓴웃음을 지었다
사랑방도 모자라, 안방까지
차지한 안손님은 엄니 몫이다
나는 엄니가 애처롭고 아파서
한의사가 싫었다

그런데, 어느 날
나도 모르게 무면허 의원이 되었다
병원이 싫어 사소한 병은 내 손으로 고치고
자랑했더니, 옆에 앉은 동창이
“넌 네 아버지 유전이야 우린 겁이나 못해”

그제야 알았다, 내 몸에
아버지 피가 흐른다는 것을

제5부

허공

주홍 글씨

온 몸으로 치밀며
열매를 움켜쥐려는 가을나무는
허공을 주름잡아
주홍 글씨 쓰고 있다

보기만 해도 주르르
흐를 것 같은 낭만, 한눈으로
이별을 읽을 수 있다

연둣빛 봄을 지나
검푸른 여름을 건너
가을의 문턱에서 서서히
빨갛고 빨갛게 소묘하다가
꽃보다 아름다운 시가 되어
빛바랜 낙엽 속으로
날아간다

일몰

갈잎이 붉게 타는 저 노을,
언제나 내 마음의 협궤(挾軌)열차
몽땅 실어 먼 하늘가
흐르는 옛 강에 뿌려놓고
비소(悲嘯)같은 그리움
저~ 멀리 띄워버리고 싶다

해와 달도 때를 따라 작별하고
다시 만나 이별하듯
시간은 서서히 되돌이표로
연주되는 사랑의 법칙,
수억 년을 다시 태어나도
지는 해 져가는 꽃잎들은
시인의 가슴이다 눈물이다

옛 강에
갈대들도 일몰에 젖어
서로가 몸 비비며, 서글픈
소리로 읊조린다

흐뭇한 행복

대공원 야경 길,

여덟팔자걸음에 팔자 팔 흔들며
콧노래까지 부른다, 시부모님
공경에 여럿자식 키우며
대소사 궂은일 내일처럼 하다가
세월 훌쩍
흘러가니 몸부터 늙었다

잘 생긴 노신사 할멈 옆에서
두꺼운 점퍼를 벗겨들고
다독이며 따라간다. 불빛에
흥얼대는 콧노래 부끄러움도 모른 채
이름 모를 노랫가락으로 변하여
밤길을 뿌리며 간다

측은지심 발맞추며 따라가는
영감님, 어둠속에 그 마음 보인다
"일평생 나 위해 고생하다가
몸까지 망가지다니 내가 죽일 놈이야"
가만 다가가
할멈허리를 잡는다

커피칸타타

온 세상, 영하의 빙점에서
하늘엔 영광 땅에는 평화

즐거운 크리스마스
나에겐 한 잔의 커피와 카스텔라도 있지
"기쁘다 구주 오셨네,
TV를 통해 흘러나는 성탄축제"

포도주보다 달콤하고
맥주보다 상큼한 커피 향에 취해
깜짝할 사이 화면 속으로 빨려 들어
다 찬양하여라
다 찬양하여라
열창 속 멤버가 되어
자못 떨리는 가슴으로

내가 생각하던
영원의 먼 끝을 만져보았지,

초심

내게도 꽃피는 봄 있습니다
때로는 숨 막힐 듯 힘들어도
옆에서 달래주는 사람 있습니다
여름이면 달빛 휘감는 강가에서
친구들과 밤하늘에 별을 세며
나는 하모니카를 불면, 콧노래를
부르는 사람 있습니다

가을이면 빨갛게 타오르며
폴카와 왈츠 곡에 발맞추다가
낙엽처럼
떨어져간 사람 있습니다

겨울이면 눈싸움하다가
상기된 얼굴로 활짝 웃어주던 사람,
도리질 치면 칠수록 생각나
실루엣처럼 쓸쓸히 멀어져가는 사람

옆에서 보고만 계시던 엄니
“딸아 초심일랑 그만
하얀 책갈피에 접어두어라”

페미니즘 역행

루트 같은 기호 속에
안온하게 살줄만 알았는데
어느 날 세월 따라가신 부모님
죽음의 재를 넘어오신 듯
어둠속그림자, 척과 척尺 사이
보고만 계십니다

생전에 부모님 한 번
모시지 못한 딸, 그 마음
잘 아신다고 애처로워
오셨나요, 걱정 마세요
회돌이 같은 세월에도 그곳과
이곳 너무 멀어, 눈물로 마중물
부으며 아버지 하고 불으면
부메랑처럼 돌아온답니다

시대의 징검다리에서 딸에게 명하신
복종, 복종이 아닙니다. 못난 딸
썩은 통나무 법*잘 알면서 페미니즘에
역행한 서툰 사랑 때문입니다

물노래

70년이 다 되도록 흘러오면서
나는 노래를 멈추지 않았다
산골자기에 하늘빛 샘으로 태어나
하늘처럼 맑은 노래를 읊조리다가,
봄 언덕 같은 소녀시절에
나비처럼 춤추며 꽃송이 드나드는
벌처럼 노래했다. 젊은 날엔
깊은 골짜기같이 외로움을
혼자 꿀꺽꿀꺽 삼키다가 가슴속에
물웅덩이처럼 노래를 숨겼다
가파른 비탈에는 소리를 높여보고
아득한 벼랑을 만나면 두 눈을 감고
하늘 품에 몸을 맡기며 노래했다
이제 70산마루에서 아래를 향해
다섯 굽이나 흘러온 겨울,
온 몸을 하얗게 굳혀 하늘에 드리는
폭포의 빙벽을 생각한다
가슴으로 얼음 밑에 흐르는
물노래를 꿈꾸며…

빛

누군들
죽고 싶을 때가
왜 없겠냐만

아픈 가슴 다독이며…

스스로 헹구어
다시 채우는
하늘 환히
열리는 날

하늘을 나는 V자 퍼레이드

가을이면 찾아오는 철새퍼레이드
시베리아, 알레스카에서
V자 대형으로 별자리 따라 날아온다

앞서가는 주자가 힘겨워하면
뒤따르던 철새가 서슴없이
커다란 모자이크 판을 그리며
자리바꿈한다. 제각각 포즈로
달빛 휘감고 국경을 넘는 철새들,
가도 가도 끝없는 강하를 따라
3,4천㎞비행에 희비를 나누며
어긋난 앞뒤에서 반대로 날갯짓하며
상승력유지에 힘을 모은다

지상의 숲에서 풀벌레연주가 끝나고
감성의 더듬일 내릴 즈음이면 이들은 어디 쯤 있을까,
우리도 먼 길을 간다, 헛된 그림자처럼
내게도 나래가 있다면
한 줌의 빛을 따라가 안식하리라

허공

형체도 없고 무심한 것이
우리보다 먼저 우리 곁에 있었습니다
들숨날숨 숨 쉴 때, 말을 할 때
보이지 않는 생명체로 있습니다

불도 산소가 있어야 생성되고
흙도 허공이 있어야 싹이 트듯
땅의 생명들은
허공으로 인해 호흡을 합니다
고통과 번민도 뚫려 있는 곳이 있어야
원활한 호흡을 할 것인데
그러지 못해 쓰러지기도 합니다

언제나 텅 비어있는 허상
무소유인 것 같으나 모든 것을 가졌고,
아무 것 아닌 것 같으나 힘의 원천인 허공
저 넓은 하늘에 희미하게 떠있는 낮달도
허공이 찍어놓은 낙관입니다 가끔씩
외로울 때 쳐다보라고…

허공으로 난길

나는 날마다 쉴 곳을 위해
보이지 않는 곳으로 찾아갑니다
거짓이 없고
진실이 씨 뿌리는 곳에서
내 영혼의 집을 짓기로 했습니다

기초를 놓기 시작한 것은
꽃피고 새 울 때가 아니라
가장 고요하고 외로울 때
노을이 물그림자에 비추어 한없이
아름다움을 과시할 때입니다

본시 노래를 좋아하던 내가
지금은 노래가 없는 곳에서
지는 해 보며 눈물에 젖는데…,
허공으로 난 길에서
들리듯 들리지 않는 듯 소리가 있어
찾아가 詩의 사원도 짓고
노래도 부릅니다. 날마다
그 소리 귀 기울이며…,

환한 그늘

박꽃그늘 드리운 돼지막 지붕
날이 저물면 썩어가는 볏짚 위로
젖빛 물든 꽃잎이 입을 벌린다.
저녁참에 옆집 봉순 네가 왔다가고
이른 새벽 대장간 황 씨가 다녀갔다.

돼지울음이 빠져나가는 한약국
바깥마당가 모서리엔
대장장이 두드리는 망치소리가
훤한 들판으로 쩌렁쩌렁 번져난다

하루해를 불꽃 먹은 늙은 손이
식힌 연장들을 마당가
울타리사이로 밀어 넣을 즈음
해가 서산으로 뚝 떨어진다.
하얀 박꽃이 움츠렸던 몸을 열고
더러는 돼지 똥내번지는
우리 안을 들여다보며 화사하게 웃는다

이때쯤이면 한의원 아버지가
백자(白磁)처럼
웃으시며

조심조심 넝쿨을 만지신다

* 월간 문학세계 5월호 소시집에 등재

환한 정막

우리 집 통유리,
문을 닫아도 밖이 환히 보인다
그러나 내 마음의 문은
촛불처럼 흐르는 조용한 눈물이다

눈물은, 눈물이 아니다
그리움이다 이 구석진 곳에
빗살나무 한 그루 심어놓고
고요가 가득한 나뭇잎사이로
떠오르는 얼굴, 바라보다가 울먹이다
줌렌즈* 미당기듯 털어버렸다
고요가 달아나고 우주가 파도친다.
날고 싶다~~
지상의 어느 아늑한 곳에 쉬고 싶다
그리움은 그리움이 아니다
옛이야기다

베란다 난간에서 장미 한 송이가
바람 한 끝 잡고 숨 쉬다가,
나를 부른다

한나의 기도

쉬지 않고 가는 길, 더러는
웃기도 하고 울기도 하며
시계 침만 보다가 숨 막히는
골짝을 만났습니다

산 자와 죽은 자의 울음소리가
들리는 곳에서, 당신 앞에
무릎을 꿇습니다
어떤 불의에도 굴하지 않고
삶과 죽음의 굴레를 왕래하시는 이여
바람에 흔들리는 가련한 손을 잡아 주소서
나는 누우오니까,
사심을 버리고 나의 눈물을
주의 병에 담아 올리오니
당신의 수액으로 이어지는
생명 되게 하소서

밤이 멀어, 내 영혼을
레마*가 있는 숲속으로 인도하소서.
당신을 향한 그리움이 비처럼 내리는 언덕에서
지나가는 솔바람에도
조용히 귀 기울이겠나이다

* 깨달음

평 설

사물(事物)에 대한 향수, 그 시적 형상화
-이옥자의 시세계

유 승 우
(시인 문학박사)

1. 들어가는 말

지은 것은 집이고, 만든 것은 물건이다. 집은 살기 위해 짓고, 물건은 쓰기 위해 만든다. 그런데 '짓다'와 '만들다'는 동사이고, 이 두 동사를 합한 말이 '일하다'이며, '일하다'라는 동사의 주어는 사람이다. 사람만이 일을 한다. 이 일이 한자로 사(事)이고, 그 결과가 물(物)이다. 곧 사물(事物)이다. 짓는 일과 만드는 일의 결과가 사물(事物)이라는 말이다. 그런데 사물에는 자연의 사물과 인공의 사물이 있다. 자연의 사물은 그냥 자연이고, 인공의 사물은 사람이 만들거나 지은 결과물이다. 시는 만드는 것이 아니라 짓는 것이다. 물건이 아니라 집이라는 말이다. 그러면 시는 어떤 사물(事物)인가. 다시 말해 어떤 집인가. 시는 영혼이 살기 위해 지은 영혼의 집이다.

창세기는 "태초에 하나님이 천지를 창조하시니라"로 시작된다. 창조(創造)의 창(創)은 "생명의 없음에서 있음"이 되는 것을 의미하며, 조(造)는 "짓다"의 뜻이다. 그렇다면, 창조(創造)의 의미는 "생명을 짓다"이며, 하나님이 창조하신 천지(天地)는 "생명의 집"이라고 할 수 있다. 그런데 이 창조(創造)는 하나님만의 특권이다. 사람은 풀 한 포기나 꽃 한 송이, 작은 개미 새끼 한 마리도 창조할 수 없다. 풀이나 꽃, 개미의 모양을 만들 수는 있다. 그러나 사람이 만든 풀이나 꽃은 화분에 심어도 자라거나 지지 않으며, 사람이 만든 개미는 일을 하지 않는다. 생명이 없기 때문이다. 그런데 사람은 "만들다"와 "짓다"라는 동사의 주어라고 했다. 사람은 쓰기 위해 물건을 만들 수도 있고, 살기 위해 집을 지을 수도 있다는 말이다. 어떻게 그럴 수가 있을까. 성경에서는 사람이 '하나님의 형상'대로 창조되었기 때문이라고 했다.

여기서 말하는 '하나님의 형상'이란, "하나님이 천지를 창조하신 것처럼 사람도 '만드는 일'과 '짓는 일'을 할 수 있다는 것을 의미한다. 특히 '짓는 일'에 초점을 둔 것이다. 하나님의 '짓는 일'은 창조이다. 그런데 창조는 하나님만의 특권이므로 사람의 짓는 일은 창작(創作)이라고 한 것이다. 그러니까 사람에게 창(創)의 특권은 주어졌지만, 조(造)의 특권은 작(作)으로 바꿔주신 것이다. 그래서 인간은 창작(創作)의 특권을 갖게 되었고, 예술(藝術)을 하게 된 것이다. 모든 예술작품은 사람이 지은 영혼의 집이다. 지은 것이 집이므로 하나님이 지으신 천지도 집이다. 그래서 천지의 다른 말인 우주(宇宙)는, 집 우(宇)자와 집 주(宙)자로 구성된 큰 집이다. 이 큰 집에 존재하는 사물이 자연이다. 보이지는 않으나 반드시 있는 것을 '신비(神秘)'라고 한다. 다시 말하면 "신(神) 곧 하나님은 보이지는 않으나 반드시 있다."는 말이다. 이 신(神)이 흙으로 빚은 육신 속에 들어온 것이 영혼(靈魂))이며, 일반적으로는 마음이라고 한다.

이 영혼이 바로 "보이지는 않으나 반드시 있는 신비(神秘)"이며, 하나님의 형상이다.

영혼은 육신처럼 죽지 않고 잠들 뿐이다. 식물이 동물처럼 죽지 않는 것과 같다. 동물은 목을 자르면 죽지만, 식물은 목을 자르면 더욱 푸르게 더욱 많이 돋아난다. 영혼이 현실적으로 고난을 받으면, 하늘에 대한 향수가 더욱 강화되는 것과 같다. 심령이 가난한 자가 되어야 한다. 배부른 영혼은 잠든다. 하나님의 유전자이며, 말씀의 씨앗인 영혼을 깨워야 한다. 그래서 상상의 날개로 하늘을 향해 날아올라야 한다. 영혼의 깨어남을 한자로 흥(興)이라고 한다. 흥(興)의 반대는 망(亡)이다. 영혼이 잠들면 망(亡)한다. 상상력이 잠들면 집안(가정)이나 나라(국가)가 망할 수밖에 없다. 그래서 시인은 많을수록 좋다. 공자는 이런 진리를 알아서, 시에서 영혼이 깨어난다고 했다(興於詩).

이옥자 시인이 새로운 시집 『물노래』를 출간한다고 한다. 그의 영혼이 잠들지 않고 깨어 있었던 것이다. 영혼이 잠들지 않고 깨어 있었다는 것은, 쉬지 않고 사랑하고 있었다는 의미이다. 그것도 뜨겁게 사랑하고 있었던 것이다. 시인은 뜨겁게 사랑하는 사람이다. 이옥자는 뜨거운 가슴으로 영혼의 집을 짓는 시인이다. 그러면 이옥자 시인의 영혼의 집 정원 곧 시세계를 둘러보기로 하자.

2. 사물에 대한 향수

시의 가장 중요한 요소는 상상력(想像力-Imagination)이며, 상상(想像)은 우리말로 '그리다'이다. 그러니까 상상력은 '그리는 힘'이다. 그런데 이 '그리는 힘'은 '없음(無)'을 느낄 때 풍부해진다. 부모가 없는 고아는 부모의 모습을 그리고, 사춘기가 지나서도 연인이 없는 남녀는 연인의 상을 그린다. 마음속으로만 그리는 것은 '그리움'이고, 선과 색채로 그리면 '그림'이 되며, 말로 그리면 시적 이미지가 된다. 그래서 C.D 루이스는 "시적 이미지는 말로 그린 정열적 그림"이라고 정의했다. 여기서 정열적이란 말은 강렬한 그리움을 가리키는 말이다. 그리움은 곧 사랑이다. 그러니까 시인은 곧 뜨거운 사랑을 하는 사람이다. 모든 예술작품 곧 〈시와 노래와 그림〉은 그리움의 열매 곧 사랑의 열매인 것이다. 사랑의 열매가 바로 영혼의 열매인 것이다.

70년이 다 되도록 흘러오면서
나는 노래를 멈추지 않았다
산골자기에 하늘빛 샘으로 태어나
하늘처럼 맑은 노래를 읊조리다가,
봄 언덕 같은 소녀시절에

나비처럼 춤추며 꽃송이 드나드는
벌처럼 노래했다. 젊은 날엔
깊은 골짜기같이 외로움을
혼자 꿀꺽꿀꺽 삼키다가 가슴속에
물웅덩이처럼 노래를 숨겼다
가파른 비탈에는 소리를 높여보고
아득한 벼랑을 만나면 두 눈을 감고
하늘 품에 몸을 맡기며 노래했다
이제 70산마루에서 아래를 향해
다섯 굽이나 흘러온 겨울,
온 몸을 하얗게 굳혀 하늘에 드리는
폭포의 빙벽을 생각한다
가슴으로 얼음 밑에 흐르는
물노래를 꿈꾸며…

– 〈물노래〉 전문.

무엇이 사람인가. 성경에서는 "하나님의 형상"대로 창조된 것이 사람이라고 했다. 다시 말해 하나님을 닮은 것이 사람이다. 그러면 "하나님의 형상"이란 무엇인가. 그것은 "보이지는 않으나 반드시 있는 신비(神秘)"이다. 이를 가리켜 신성(神性)이라고 한다. 무엇이 사람인가. 보이지는 않으나 반드시 있는 신성이 사람이다. 이 신성이 사람 속에 있으면 영혼이고, 입으로 나오면 말 곧 언어이며, 눈에 보이게 금을 그으면 글과 그림이다. 그러면 금과 글은 무엇이 다른가. 금은 짐승도 앞발로 그을 수 있다. 짐승이 앞발로 그은 금은 짐승들의 영역표시이지만, 사람의 손으로 그린 글과 그림은 영혼의 집이다. 손으로도 금을 그을 수 있다. 그러나 이 '금 긋기'는 짐승도 따라할 수 있지만 영혼의 집짓기인 '그리다'는 따라할 수 없다.

위의 작품 〈물노래〉는 이번 시집의 표제이다. 한 시집의 표제는 영혼의 집 대문에 붙여놓은 문패이다. 문패에는 주인의 성과 이름이 적혀 있다. 세상의 집 문패나 명함에는 〈이옥자〉라는 성과 이름이 적혀 있지만, 영혼의 집 문패에는 〈물노래〉가 적혀 있다. 여기서 '물'은 자연의 사물이다. 자연의 사물은 사람이 만들거나 지은 것이 아니다. 사람의 성도 자신이 만들거나 지은 것이 아니다. 하늘이 지어준 천륜이다. 이 말은, 자연의 사물이 사람의 성(姓)과 같이 시의 성(姓)이며 뿌리라는 것이다. 그렇다. 시는 이 뿌리에서 피어난 꽃이고, 잎이며, 열매이다. 특히 20세기 이후의 현대시는 사물이미지의 감각적 형상화이다. 그래서 현대시를 사물시라고 한다.

자연의 사물인 '물'이 시의 성(姓)이라면, '노래'는 시의 이름이다. 그렇다. 시의 이름은 '노래'이다. 시인은 뜨거운 가슴의 소유자이다. 그리움이 많은 사람이다. 문학적 표현으로는 상상력이 풍부한 사람이다. 물이 잠시도 멈출 수 없듯이 이옥자 시인은 잠시도 노래를 멈출 수 없다. 그래서 "70이 다 되도록 흘러오면서 / 나는 노래를 멈추지 않았다"라고 고백한 것이다. 물의 이미지는 인간존재를 비유하는 원형상징이다. 인간의 삶 곧 인생은, "산골자기에 하늘빛 샘으로 태어나 / 하늘처럼 맑은 노래를 읊조리다가"와 같이 탄생에서 시작된다.

그리고 물이 흐르는 것과 같이 인생도 흐른다. 인생은 시간이다. 이옥자 시인은 70년이 넘도록 흘러왔다. 인생의 시간을 계절에 비유하면, 청소년은 봄이다. 그래서 "봄 언덕 같은 소녀시절엔 / 나비처럼 춤추며 꽃송이 드나드는 / 벌처럼 노래했다"고 했다. 물이 흐르면서 골짜기도 지나고, 벼랑도 만나듯이 인생도 굴곡과 절벽을 만날 수 있다. 시인은 이러한 인생의 굴곡을 "깊은 골짜기 같이 외로움을 / 혼자 꿀꺽꿀꺽 삼키다가 가슴 속에 / 물웅덩이처럼 노래를 숨겼다"에서 보듯, 아름다운 비유적 이미지로 형상화해서 보여준다. 그의 비유적 이미지에서는 상징성을 형상화한 문학적 감성이 돋보인다. 그의 문학적 감성은 "아득한 벼랑을 만나면 두 눈을 꼭 감고 / 하늘 품에 몸을 맡기며 노래했다"에서 절정에 이른다. 문학의 절정에서 만나는 것은 종교이다. 인생에서 70이 넘으면 노년이고, 계절로는 겨울이다. 그래서 이 시는 "온 몸을 하얗게 굳혀 하늘에 드리는 / 폭포의 빙벽을 생각한다 / 가슴으로 얼음 밑에 흐르는 / 물노래를 꿈꾸며…"로 마무리 된다. 한 편의 시로 형상화한 시인의 일생이다. 이 작품 〈물노래〉를 시집의 표제로 한 시인의 뜻을 짐작하며, 고개를 끄떡일 수밖에 없었다.

형체도 없고 무심한 것이
우리보다 먼저 우리 곁에 있었습니다
들숨날숨 숨 쉴 때 말을 할 때
보이지 않는 생명체로 있습니다
불도 산소가 있어야 생성되고

흙도 허공이 있어야 싹이 트듯
땅의 생명들은
허공으로 인해 호흡을 합니다
고통과 번민도 뚫린 곳이 있어야
원활한 호흡을 할 것인데
그러지 못해 쓰러지기도 합니다

언제나 텅 비어있는 허상
무소유인 것 같으나 모든 것을 가졌고
아무 것 아닌 것 같으나 힘의 원천인 허공
저 넓은 하늘에 희미하게 떠있는 낮달도
허공이 찍어놓은 낙관입니다 가끔씩
외로울 때 쳐다보라고…

– 〈허공〉 전문.

위의 〈허공〉은 철학이 있는 시이다. 〈허공〉은 우리말로 하늘이며, 한자로는 천(天)이다. 창세기 1장 1절에 있는, "태초에 하나님이 천지를 창조하시니라"의 천(天)이며, 우주(宇宙)라는 말의 우(宇)이고, 공간(空間)과 시간(時間)의 공간이다. 이 〈허공〉은 "형체도 없이 무심한 것이 / 우리보다 먼저 우리 곁에 있었습니다 / 들숨날숨 숨 쉴 때 말을 할 때 / 보이지 않는 생명체로 있습니다"와 "땅의 생명들은 / 허공으로 인해 호흡을 합니다"에서 보듯, "보이지는 않으나 반드시 있는 신비(神秘)"이다. 눈에 보이는 모든 형체 있는 것들은 "형체도 없고 무심한" 이 〈허공〉에 존재한다. 이 〈허공〉은 첫 째로 큰 집인 우(宇)이며, 지상의 모든 생명을 위한 공기(空氣)이기도 하다. 공기는 우리말로 '하늘 기운'이며, 기독교적으로는 '하나님의 숨결'이다. 이처럼 우주적 생명철학을 바탕으로 전개된 시가, "저 넓은 하늘에 희미하게 떠 있는 낮달도 / 허공에 찍어놓은 낙관입니다 가끔씩 / 외로울 때 쳐다보라고…"와 같은 절묘한 문학적 감각으로 마무리되는 것을 보며, 이옥자 시인이 70이 넘도록 쉬지 않고 불러 온 〈물노래〉의 절창을 듣는 감동에 젖어든다. 우리나라의 시들이 철학이 없어서 세계화 될 수 없다고 한다. 그러나 철학이 문학화 되지 못하면 관념의 서술이 되고 만다.

가을엔 수취인 불명으로 편지를 쓰고 싶다
단풍 같은 마음으로
모나미먹물 다하기 까지
나의 숨은 언어들을 보내고 싶다

가을엔 너를 위하여
등불을 켜고 싶다
오색찬란한 낙엽사이로 공허한 하늘,
낙엽 한 잎 떨어지면
빈 하늘에서 네가 웃고
잇달아 떨어지면
환하게 웃어주는 너의 모습에
낮달이 걸린다

내가 가장 외로울 때 슬플 때
떠오르는 얼굴
가을향기 흐르는 곳에서

마음 뿌린다

– 〈가을 편지〉 전문.

위의 〈가을 편지〉는 문학적 감성을 바탕으로 한 시이다. 시인의 아름다운 고백이다. 사실 '시 짓기'는 '수취인 불명'의 편지쓰기이다. '수취인 불명'이 아니면 시가 아니라 진짜 편지가 된다. 그러니까 분명한 수취인이 있으면 그것은 편지라는 실용문이고, '수취인 불명'인데 쓰지 않고는 못 견디겠어서 쓰는 것은 '시 짓기'의 창작이다. 이옥자는 "가을엔 수취인 불명으로 편지를 쓰고 싶다 / 단풍 같은 마음으로 / 모나미 먹물 다하기까지 / 나의 숨은 언어들을 보내고 싶다"라고 노래한다. 흐르는 물만이 노래를 한다. 영혼이 살아 있는 사람만이 노래를 한다. 다시 말해 "심령이 가난한 자들"만이 노래를 한다. 가을은 생기가 걷혀가는 계절이다. '심령의 가난함'을 느끼며, "단풍 같은 마음으로 / 모나미 먹물 다하기 까지 / 나의 숨은 언어들을 보내고 싶은" 그리움의 계절이다. 그래서 "가을엔 너를 위하여 / 등불을 켜고 싶다 / 오색찬란한 낙엽 사이로 공허한 하늘, / 낙엽 한 잎 떨어지면 / 빈 하늘에 네가 웃고 / 잇닿아 떨어지면 / 환하게 웃어주는 너의 모습에 / 낮달이 걸린다"에서 보듯, 이옥자는 시인이다. 여기에서 '빈 하늘'은 앞에서 본 철학적 〈허공〉이며, '낮달이 걸린다'는 시의 얼굴이다. 그러므로 위의 〈가을 편지〉는 이옥자 시인이 시로 쓴 시론이다.

3. 마음의 꽃, 노래의 날개

생물에는 식물과 동물이 있다. 이 두 생물의 요소를 조화한 것이 인간이다. 속사람인 영혼은 식물적 요소이고, 겉 사람인 육체는 동물적 요소이다. 영혼은 하늘에서 왔기 때문에 하늘에 대한 향수를 지닌 식물적 요소이며, 육체는 땅에서 왔기 때문에 땅에 대한 향수를 지닌 동물적 요소이다. 향수는 고향에 대한 그리움이다. 식물은 하늘에 대한 향수로 인해 땅에서 나와 하늘을 향해 자라고, 동물은 땅에 대한 향수로 인해 땅과 많이 접촉해야 편하다. 한 발로 서는 것보다 두 발로 서는 것이 편하고, 서는 것보다 앉는 것이, 앉는 것보다 눕는 것이 더욱 편하다. 누워서 영원히 일어나지 않으면 고향에 돌아가 영면하는 것이다.

땅에서 나와 자라는 것은 식물의 생(生)이고, 입이 있어 소리치는 것은 동물의 명(命)이다. 식물은 땅에서 나와 자라나면 산 것이고, 동물은 입으로 소리를 내면 산 것이다. 이 두 가지를 합한 것이 생명(生命)이다. 식물이 땅에서 나와 자라는 것은 하늘을 향하는 것이다. 왜 하늘을 향할까. 빛 때문이다. 이 빛을 받아서 제 빛깔로 형상화하는 것이 꽃이다. 그래서 식물적 생명의 절정은 꽃이고, 동물적 생명의 절정은 노래이다. 눈에 보이는 겉 사람은 동물적 요소이다. 동물적 요소란 입이 있어 소리치는 명(命)이라고 했다. 그런데 짐승의 입은 오로지 먹기 위한 기관이다. 그래서 먹이를 달라고 소리치는 것이 명(命)이다. 그런데 인간의 입은 먹이가

들어가기도 하고, 말 곧 언어가 나오기도 한다. 식물이 빛을 만나 꽃을 피워내듯이, 빛을 만난 기쁨이 말소리로 피어나면 노래가 된다. 노래는 영혼의 꽃이다. 노래는 〈놀+애〉이며, '놀'은 신(神)이란 뜻이고 '애'는 접미사이다. 식물이 빛을 만나 꽃을 피우듯이 영혼이 신(神)을 만나면 노래로 피어난다. 신을 만난다는 것은 신과의 교감이고, 신과의 교감은 신과의 대화 곧 시와 노래이다.

나무들은 하늘아래 내세울 게 없다
뿌리는 깊이 겨울잠에 들었고,
누더기 하나 걸치지 못한 알몸과
하늘을 향해 치켜든 마른 손가락들이
겨울바람의 날카로운 칼날과 맞서
온몸으로 흐느끼고 있다

긴긴밤이 깊어갈수록 흐느끼는
나목들의 울음소리가, 온 누리에
울려 퍼진다, 그 울림은 마침내
헐벗고 버림받은 자의 기도가 되어
캄캄한 밤의 공간을 넘어 - 하늘
문풍지까지 두드린다

밤새도록 하늘도 잠 못 이루고
그 기도소리에 귀기울리다가
가슴속 아픈 먹구름들을
은총의 눈송이로 바꾸어
알몸의 가지와 메마른 손끝에
소망의 꽃송이를 하얗게 뿌려준다,

아, 은혜가 충만한 새벽이어…

겨울잠에 빠진 땅속뿌리들의
포근한 꿈을 위해 언 땅에도
하얀 이불을 덮어준다
남쪽바다에서 파도와 어우르던
봄바람이 불어와 이불을 걷어내면
뿌리들은 남쪽을 향해 귀를 열고
봄의 숨소리도 듣는다

나무보다 먼저 찾아온 봄볕이 가지들의
파리한 손끝을 어루만지면, 마디마디에
눈과 귀가 열리고 봄이 다가오는 발소리와
함께 꽃밭에 날아드는 벌 소리도 들으며
가지마다 파란 하늘을 받들 것이다

– 〈겨울나무의 꿈〉 전문.

육체는 동물적 요소이고, 영혼은 식물적 요소라고 했다. 영적 현상이나 심리적 현상은 눈에 보이지 않는 내면풍경이다. 이 보이지 않는 내면풍경을 눈에 보이는 풍경으로 그리는 것이 비유적 이미지이다. 위의 〈겨울나무의 꿈〉은 영적 현상을 그린 비유적 이미지이다. 세상의 "겨울나무들은 하늘아래 내세울 게 없다 / 뿌리는 깊이 겨울잠에 들었고, / 누더기 하나 걸치지 못한 알몸과 / 하늘을 향해 치거든 마른 손가락들이 / 겨울바람의 날카로운 칼날과 맞서 / 온몸으로 흐느끼고 있을" 뿐이다. 그래서 〈겨울나무〉는 꿈이 있다. 꽃과 잎이 피었던 봄과 여름, 열매를 맺었던 가을까지 가버렸다. 과거는 가버렸기 때문에 없고, 미래는 오지 않았기 때문에 없다. 있는 것은 위에서 본 바와 같은 〈겨울나무〉의 현재 혹은 현실뿐이다. 그래서 꽃피고 잎이 피는 '봄 나무'를 꿈꾼다.

그런데 겨울나무나 봄 나무는 자연의 사물이다. 자연의 사물이 시간의 흐름에 따라 꽃과 잎이 피고 지는 것은 자연현상이다. 그러나 꿈은 영적 현상이다. 영적 현상은 인간의 내면 풍경이다. 둘째, 셋째, 넷째 연은 겨울나무의 자연현상을 인간의 내면풍경에 비유한 이미지들이다. 둘째 연의 "헐벗고 버림받은 자의 기도가 되어 / 캄캄한 밤의 공간을 넘어- 하늘 / 문풍지까지 두드린다"는, 간절한 기도는 하늘에 닿는다는 종교적 관념의 이미지이고, 셋째 연의 "은총의 눈송이로 바꾸어 / 알몸의 가지와 메마른 손끝에 / 소망의 꽃송이를 하얗게 뿌려준다 / 아, 은혜가 충만한 새벽이어…"는 기도의 응답을 비유한 이미지이다. 그리고 마지막 연은 영적 현상인 꿈의 비유적 이미지이다. 현재의 〈겨울나무의 꿈〉은 "눈과 귀가 열리고 봄이 다가오는 발소리와 / 함께 꽃밭에 날아드는 벌 소리도 들으며 / 가지마다 파란 하늘을 받들 것이다"일 수밖에 없을 것이다. 현대시는 자연의 사물을 그리는(묘사하는) 이미지즘 시이다. 영적 현상인 내면풍경은 사물이 아닌 관념이다. 그래서 종교적 관념은 비유적 이미지로 형상화해야 한다. 위의 〈겨울나무의 꿈〉은 종교적 관념을 비유적 이미지로 형상화한 아름다운 작품이다.

수채화처럼 촉촉이 젖어드는 집*
나도 모르게 달려왔네,

외로웠던 자취, 초상화
차마 보낼 수 없어 손때 묻은
아버지약장 앞에 내가 섰네,

기억에 잠기다 만져보다가
약장서랍을 여닫을 땐
생약들의 숨소리도 들리네,
머잖아 사라져갈 약재들은
마당가 텃밭에 뿌렸네,
하늘과 땅기운으로 생명이 트고
그 속에 숨을 포개니 하늘이 열리네,

살아난 약재들은 봄바람에
부딪칠 때마다 피리를 부네
땅이 뚫린 구멍마다 제 각각 소리로**
할머니백합 - 아버지목단 - 키 큰 엄니
원추리 - 한 꽃에 꽃잎같은 아들딸
해바라기합주곡이 땅소리 바람소리로
피리를 불며 하늘을 여네

– 〈봄날의 피리소리〉 전문.

시는 신(神)의 체험의 형상화한 것이다. 체험은 나만이 보고, 듣고, 맡고, 맛보고, 만진 감각이다. 신(神)의 체험을 어떻게 형상화하여 보여줄 수 있을까. 신의 체험은 지식이나 사상이 아니다. 지식이나 사상이라면

설명이라는 형식을 통해 이해할 수 있다. 그러나 종교나 예술은 이해가 아니라 느낌이며 체험이다. 종교의 교리를 이해함으로써 종교적 체험을 할 수는 없다. 마찬가지로 음악이나 미술이나 시도 이해하는 것이 아니라 느끼는 것이다. 감동이며 교감이다. 시인은 시를 음악처럼 느끼기 위하여 청각적 이미지를 만들고, 미술처럼 느끼기 위하여 시각적 이미지를 만든다. 시인은 이미지를 만드는 사람이다.

사람은 살아가면서 많은 체험을 하게 된다. 그 체험들은 사라져 없어지는 것이 아니라 우리의 기억의 창고 속에 저장된다. 이것을 심리학에서는 무의식이라고 한다. 이 무의식이 그림으로 형상화되는 것이 이미지이다. 그래서 과거의 경험인 무의식과 현재의 지각이 결합하는 것이 바로 이미지이다. 결국 시인은 이미지를 만드는 사람이다. 위의 시에서 시인은, "수채화처럼 촉촉이 젖어드는 집 / 나도 모르게 달려 왔네"로 시작한다. 여기서 '나도 모르게'는 무의식이며, '촉촉이 젖어드는 집'은 현재의 지각이다. 무의식이 시인을 추억에 젖어드는 옛집으로 데려온 것이다. 과거는 가버려서 없지만 시인은 "기억에 잠기다 만져보다가 / 약장 서랍을 여닫을 땐 / 생약들의 숨소리도 들리네"에서 보듯, 추억 속에 잠기는 것이다. 추억 속에서 들리는 "생약들의 숨소리"는 나만이 들을 수 있는 소리이다. 무의식이 만들어내는 청각적 이미지이기 때문이다. 이 청각적 이미지는 "살아난 약재들은 봄바람에 / 부딪힐 때마다 피리를 부네"에서 보듯 피리소리로 형상화된 다음, "할머니백합- 아버지목단- 키 큰 언니 / 원추리- 한 꽃의 꽃잎 같은 아들딸"과 같은 시각적 이미지와 어울려, "해바라기 합주곡이 땅 소리 바람소리로 / 피리를 불며 하늘을 여네"에서 보듯 시청각의 합주곡으로 마무리된다. 시를 쓰는 것은 이미지를 만드는 것이며, 느낌을 말로 그리는 것이다. 그런데 E. 파운드는 이미지를 '지적 정서적 무의식의 일시적 발현(presents an intellectual and emotional complex in an instant of time)'이라고 했다. 여기서 무의식을 'complex'라고 했다. 원래 콤플렉스는 종합이나 합성물이란 뜻이다. 심리학에서는 무의식을 모든 경험이 녹아든 기억의 창고라고 한다. 그리고 빙산의 물속에 잠긴 부분을 무의식에 비유한다. 그렇다면 물 밖에 나와 있는 부분은 의식이다. 이 빙산이 바다 위에서 떠도는 것은 밖에 나와 있는 부분이 바람에 밀려서가 아니라, 잠긴 부분이 물결에 밀리기 때문이다. 시적 이미지는 의식이 그리는 풍경화가 아니라 무의식이 그리는 내면 풍경화라는 말이다.

누가 저 까치
숨은 감정 선을 건드렸나,
피토하듯 울어대는 절박한 소리,
나뭇잎들은 귀를 쫑긋
사태를 감지한다

구렁이 한 마리가 나뭇가지 숨어
우듬지 까치집을 노리는 것을
나뭇잎 파수꾼이 촉을 세워,

주파수를 날린다

잽싸게 날아온 까치부부
목숨 건 사투에 나무는
똬리 튼 뱀을 땅에 던져버린다
피로 물든 땅이
뱀의 곡예도 삼켜버렸다

물 공기 빛이 주식인 나무는
새들의 보호막 나뭇잎을 늘려
여전히 그늘 막을 만든다

– 〈나뭇잎 파수꾼〉 전문.

위의 시는 〈나뭇잎 파수꾼〉이란 제목부터 시인의 사명을 상징하고 있다. 시인이야말로 영적 생명을 지키는 〈나뭇잎 파수꾼〉이어야 한다. 이 시는 "누가 저 까치 / 숨은 감정 선을 건드렸나"로 시작된다. 우리의 영적 생명의 내면 풍경은 언제나 "구렁이 한 마리가 나뭇가지 숨어 / 우듬지 까치집을 노리는 것을"과 같은 현상이다. 그래서 "나뭇잎 파수꾼이 촉을 세워 / 주파수를 날린다"와 같이, 시인은 촉을 세워 주파수를 날려야 한다. 구렁이가 까치집을 노리는 이미지는 영적 내면 풍경의 상징일 수도 있으며, 인간이 살아가는 현실세태의 상징일 수도 있다. 그래서 시인은 〈나뭇잎 파수꾼〉이 되어 '주파수'를 날려야 한다. 나뭇잎은 녹색이고, 녹색은 생명이다. 그러므로 〈나뭇잎 파수꾼〉은 곧 '생명의 파수꾼'인 시인을 상징한다. 나는 서두에서, 영적 생명을 살리기 위해 시인은 많을수록 좋다고 했다. 잠든 영혼을 깨우는 것을 흥(興)이라 했고, 흥(興)의 반대는 망(亡)이라고 했다. 그리고 육체는 동물적 요소이고, 영혼은 식물적 요소라고 했다. 그래서 이 시는, "물 공기 빛이 주식인 나무는 / 새들의 보호막 나뭇잎을 늘려 / 여전히 그늘 막을 만든다"로 마무리된다. 까치집을 노리는 구렁이는 악이나 사탄의 상징이고, 까치는 반가운 소식(복음)을 전해주는 노래의 날개를 상징할 수도 있다. 이옥자 시인은 신앙을 바탕으로 마음의 꽃을 피우고, 노래의 날개를 퍼덕이는 시인이다.

4. 나오는 말

이제까지 이옥자 시인의 시집 『물노래』라는 영혼의 집 정원을 둘러봤다. 그 결과 이옥자 시인은 시인(詩人) 그대로의 본질을 구현하고 있음을 확인할 수 있었다. 시인은 시인을 떠나서 다른 무엇도 될 수 없다. 시인은 잠깐도 떠날 수 없는, 존재(Being) 자체의 이름이다. 그래서 시인이 되는 조건을 첫째 시에 미침, 둘째 심령의 가난함이라고 한 것이다. '시에 미침'은 잠깐도 시를 떠날 수 없음이며, '심령의 가난함'은 하늘을 향한 향수의 날개 짓을 잠시도 멈출 수 없다는 것이다. 시인이기 때문이다. 나는 이옥자 시인의 모습에서 참 시인의 상(像)을 보았다. 시인의 길은 끝이 없으며, 완성도 없다. 그래서 시인에겐 일가를 이루었다는 대가(大家)도 없다. 자신이 대가라고 큰 집에 들어앉아 시인이란 문패를 달고 우쭐대는 것은 가짜 시인이다. 일가를 이루었다고 하는 사람에겐 가(家)자가 붙는다. 법률가(法律家), 정치가(政治家), 소설가(小說家), 화가(畵家)까지 있지만, 시인은 영원히 시인(詩人)일 뿐 시가(詩家)가 될 수 없다. 이옥자 시인은 사물에 대한 향수(鄕愁)로 인해 영원히 "심령이 가난한 자로 머물러 있을 것"이다. 영원히 쉬지 않고 흐르는 〈물노래〉를 부를 것이다. 시에 관한 한 이옥자는 하늘을 향한 날개 짓을 멈추지 않을 것이다. 사물에 대한 향수는 인간 존재에 대한 향수이기 때문이다. 나는 이옥자를 오직 시인으로 사랑하며, 잠시도 쉬지 않고 〈물노래〉를 부르는 건강한 시인이 될 것을 기도하며, 이 글을 마친다.

-사상과 문학 시인선 • 7-

물노래

초판1쇄발행 2016년 5월 9일

지 은 이 이옥자
펴 낸 이 박영률
펴 낸 곳 하나로 선 사상과 문학사
인쇄기획 엔크

출판등록 제2012-000301호
주 소 서울시 마포구 신수동 창전로2길 27호
전 화 02) 326-3627
팩 스 02) 717-4536

메일주소 holyhill091@hanmail.net

I S B N 978-89-969513-5-3 03810
정 가 9,000원

이 도서의 국립중앙도서관 출판예정도서목록(CIP)은 서지정보유통지원시스템 홈페이지(http://seoji.nl.go.kr)와 국가자료공동목록시스템(http://www.nl.go.kr/kolisnet)에서 이용하실 수 있습니다.
(CIP제어번호 : CIP2016011382)